Für dich gestaltet von:

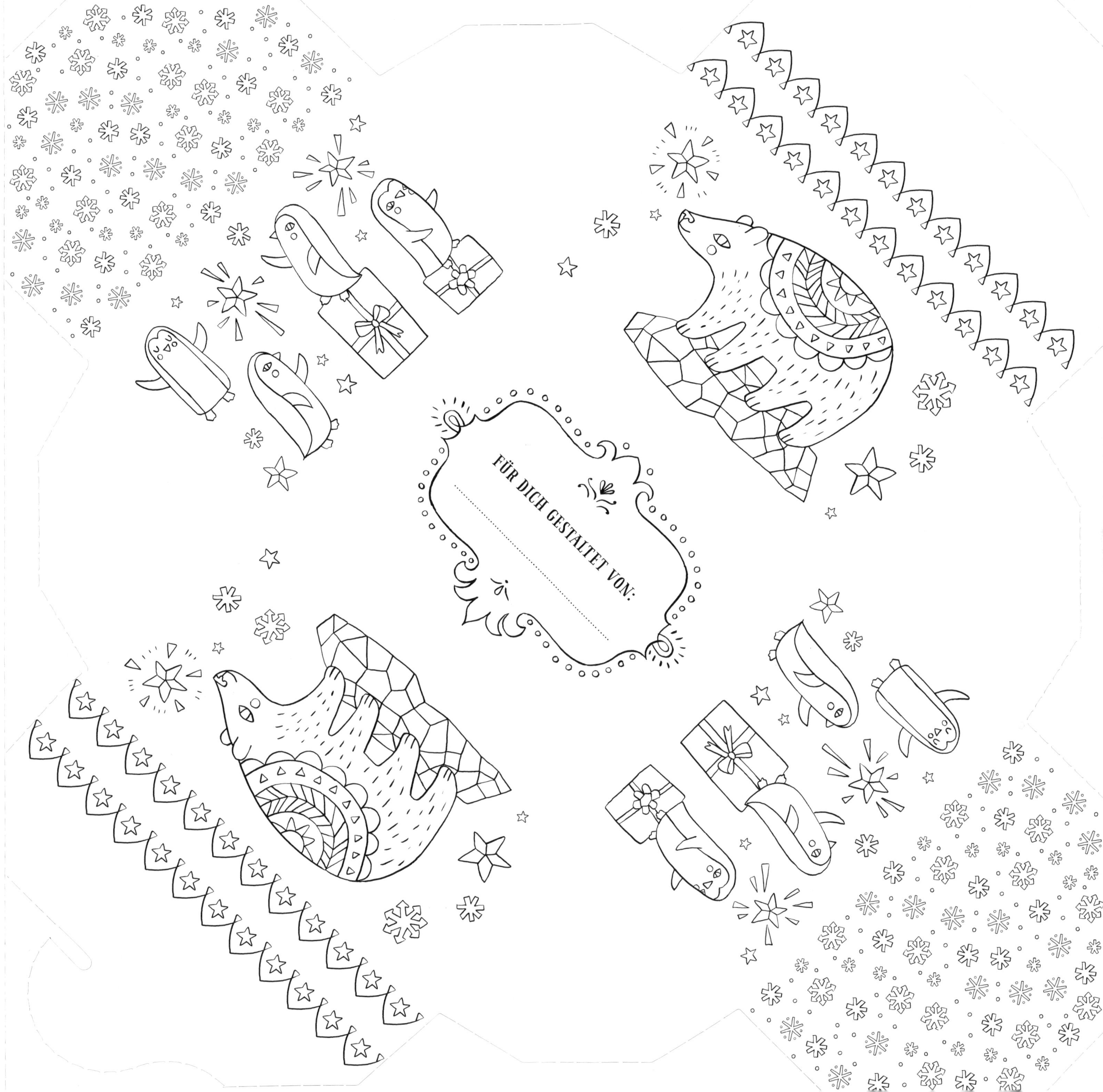
FÜR DICH GESTALTET VON:

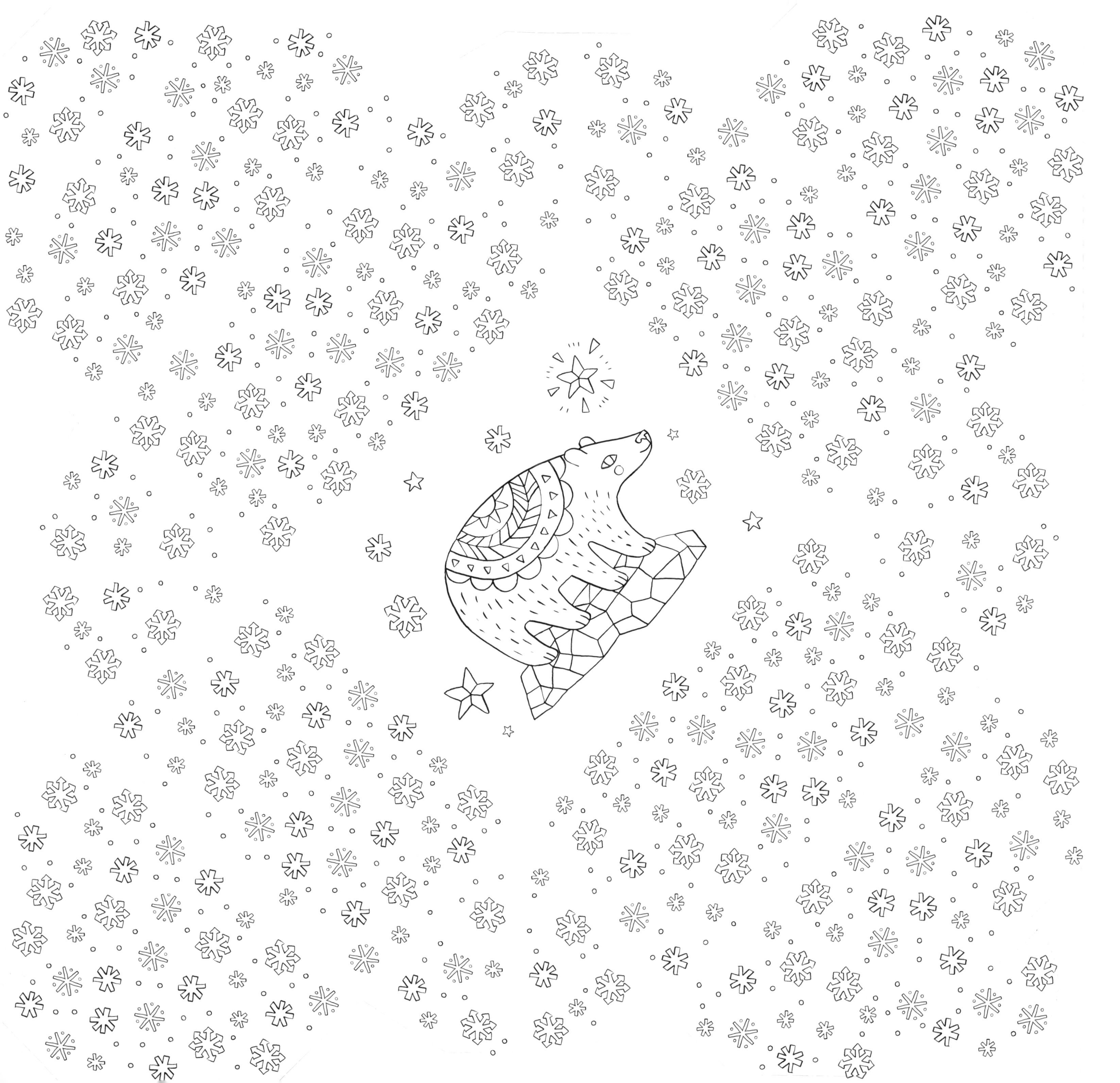

FÜR DICH GESTALTET VON:

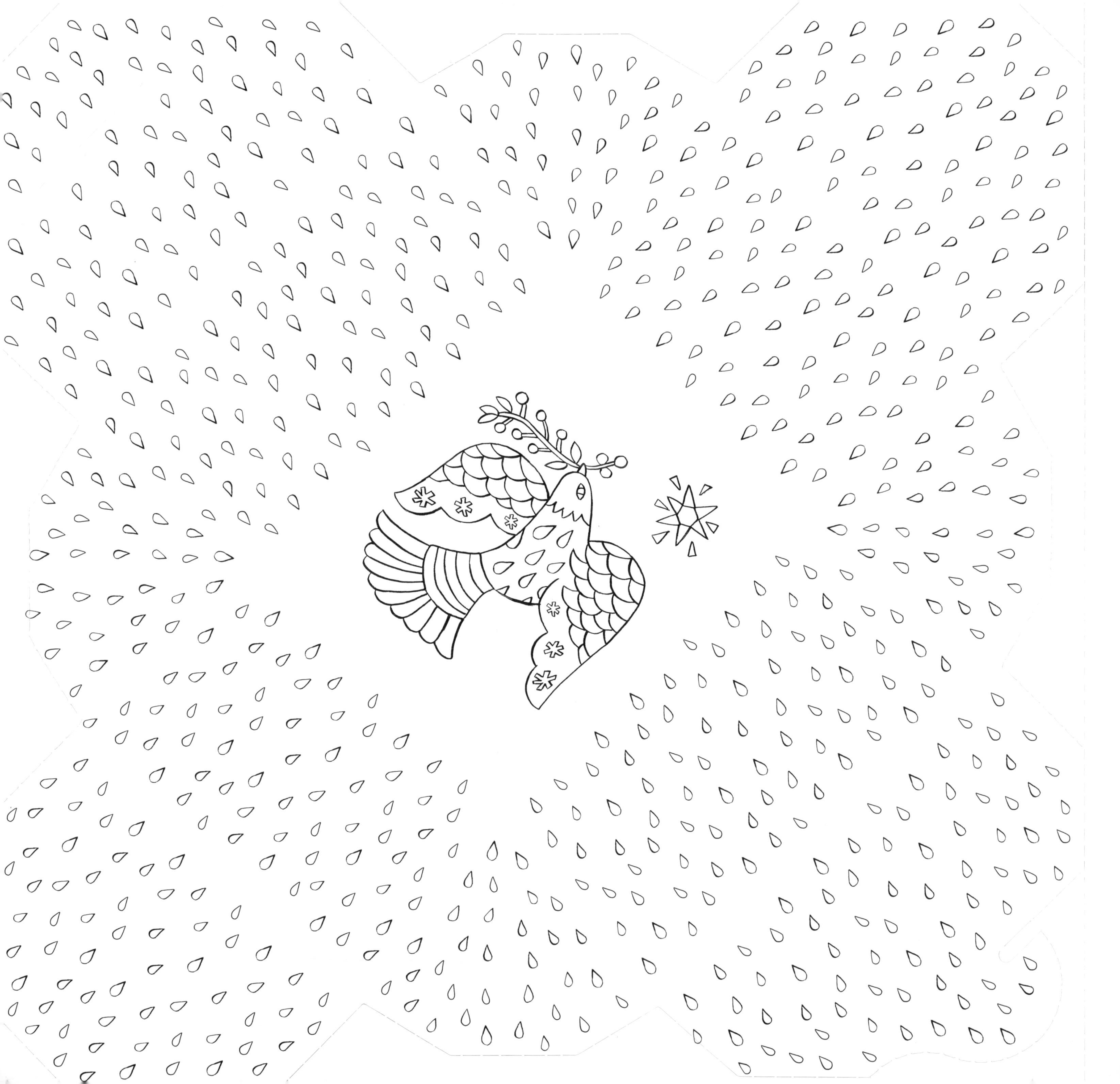

FÜR DICH GESTALTET VON:

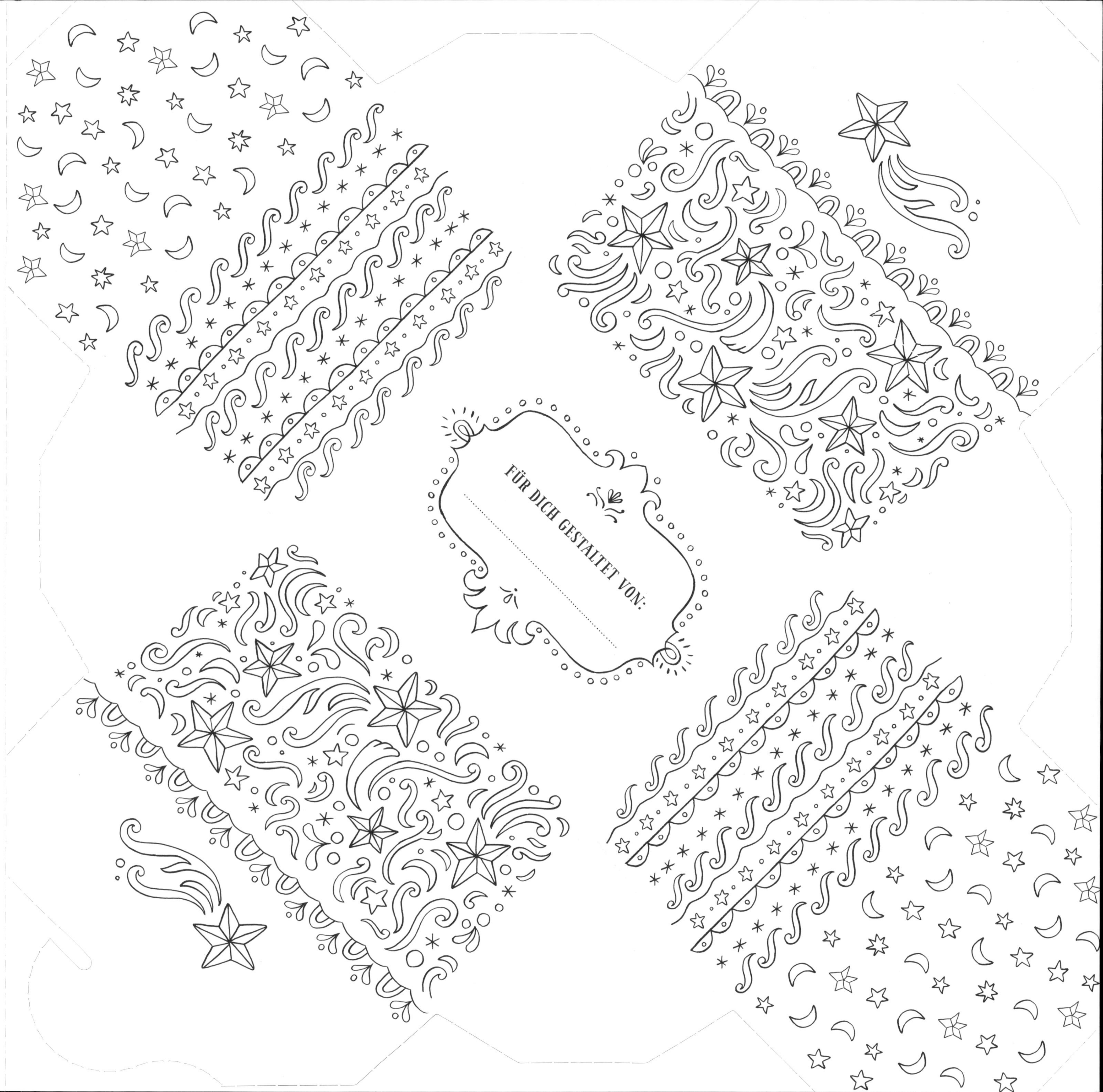
FÜR DICH GESTALTET VON:

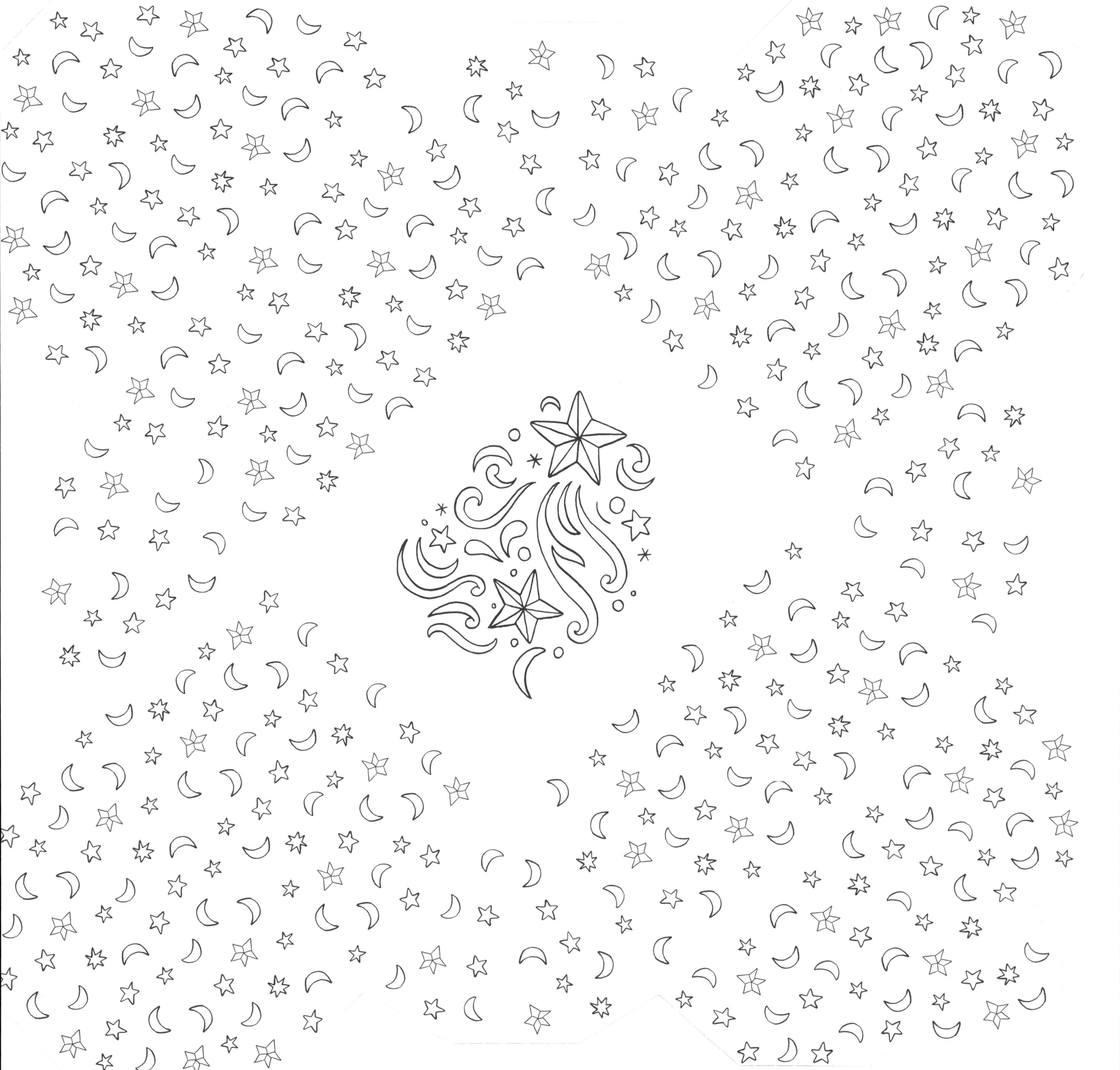

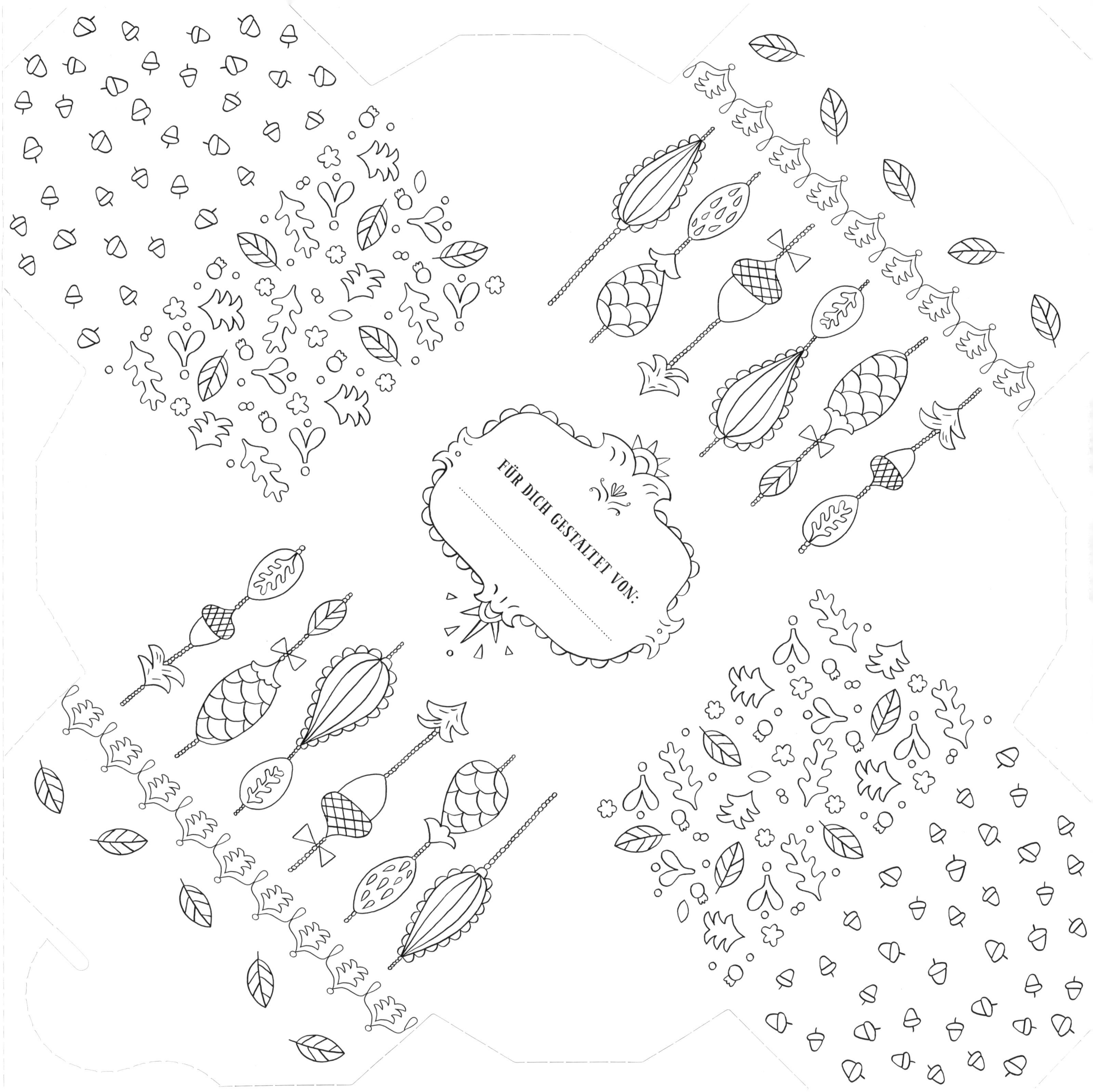
FÜR DICH GESTALTET VON:

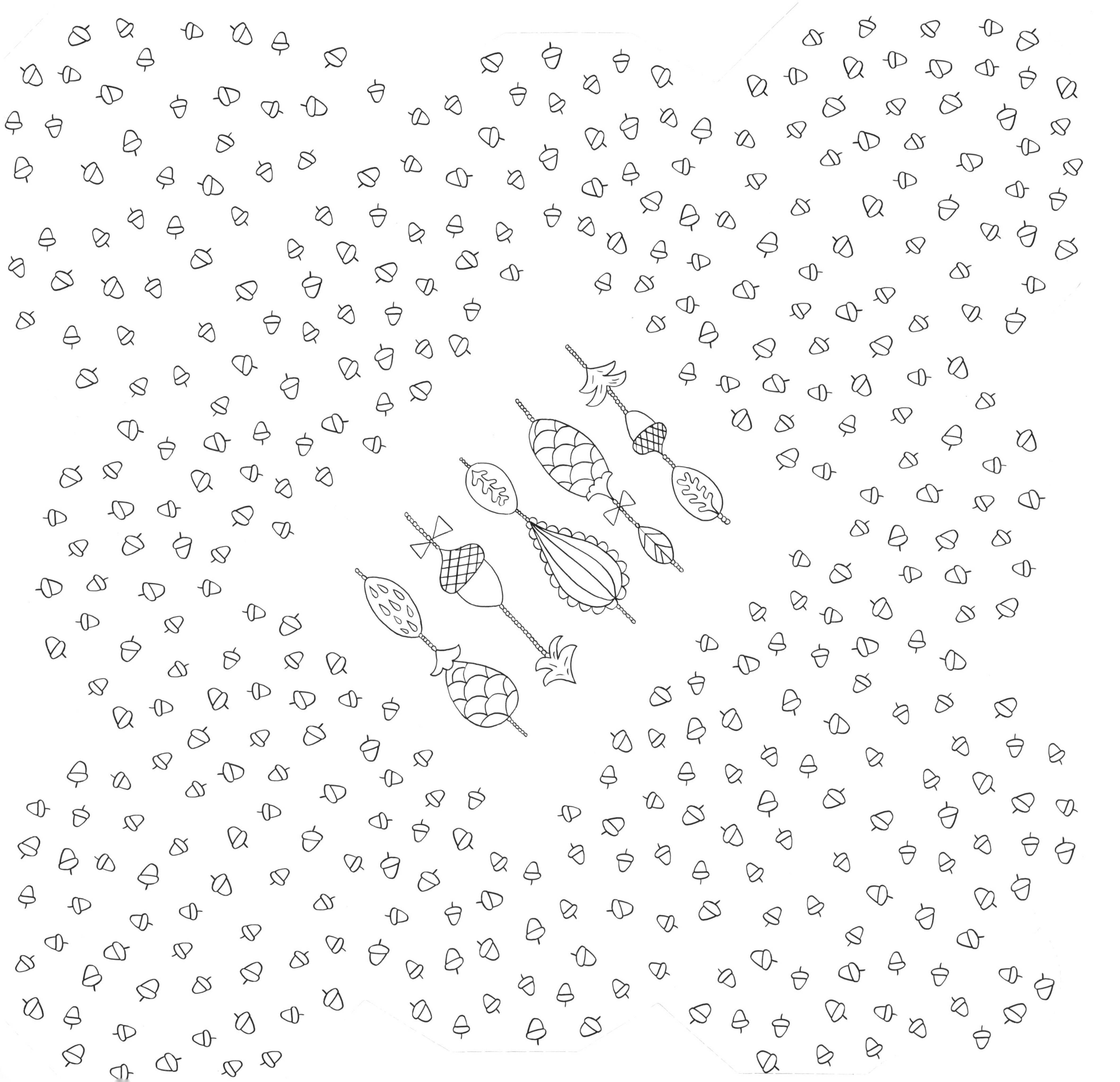

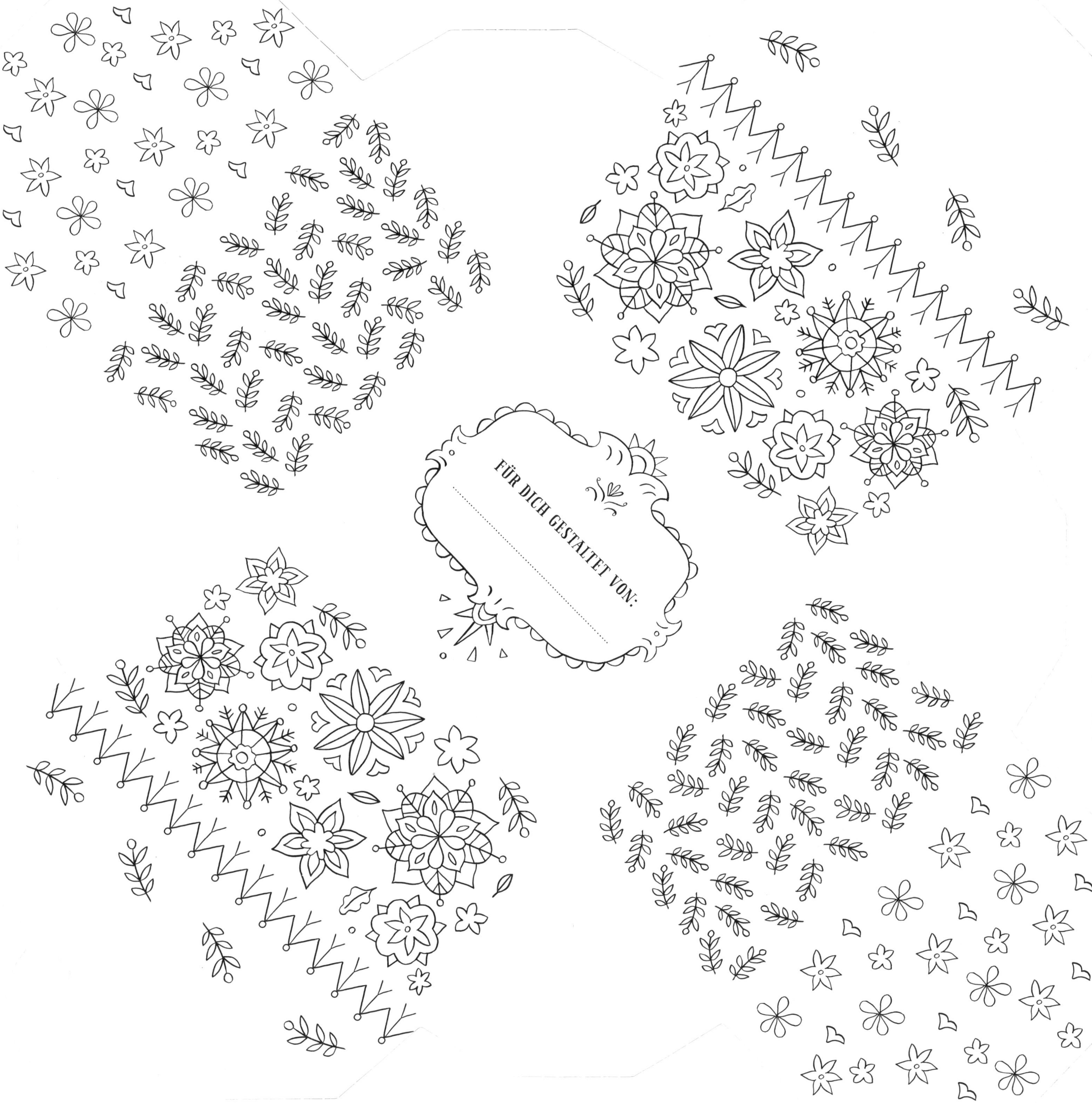
FÜR DICH GESTALTET VON:

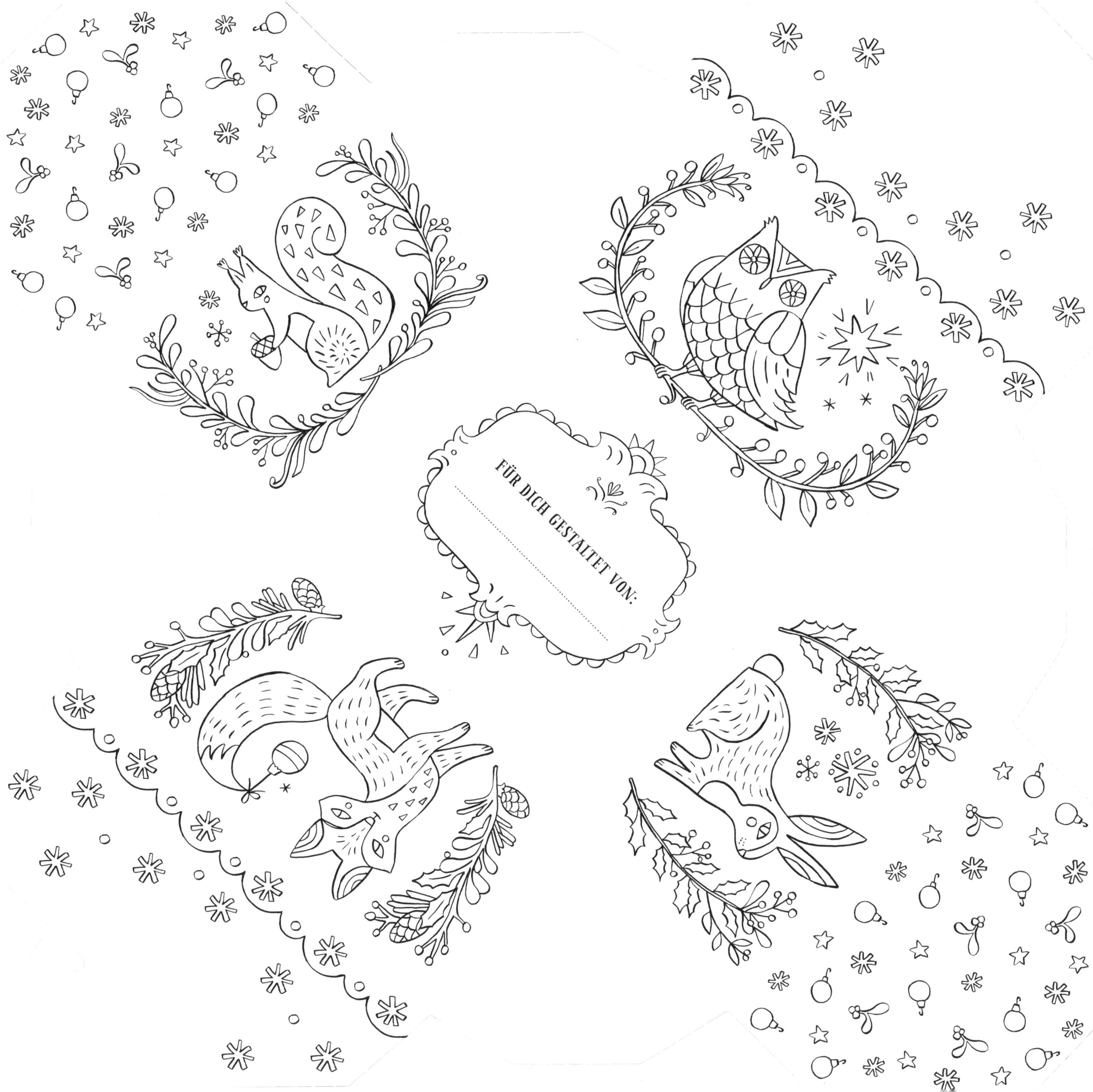
FÜR DICH GESTALTET VON:

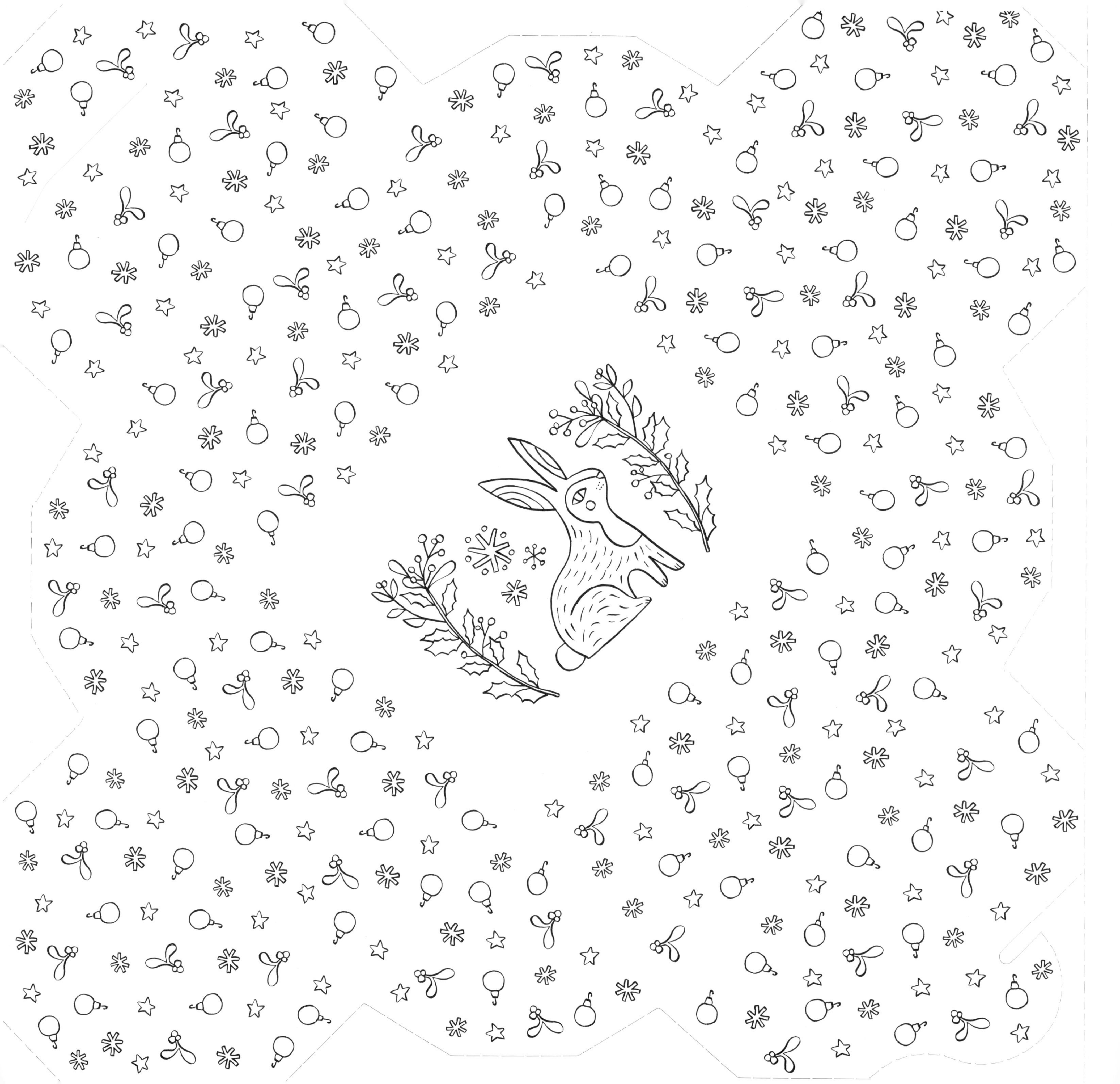

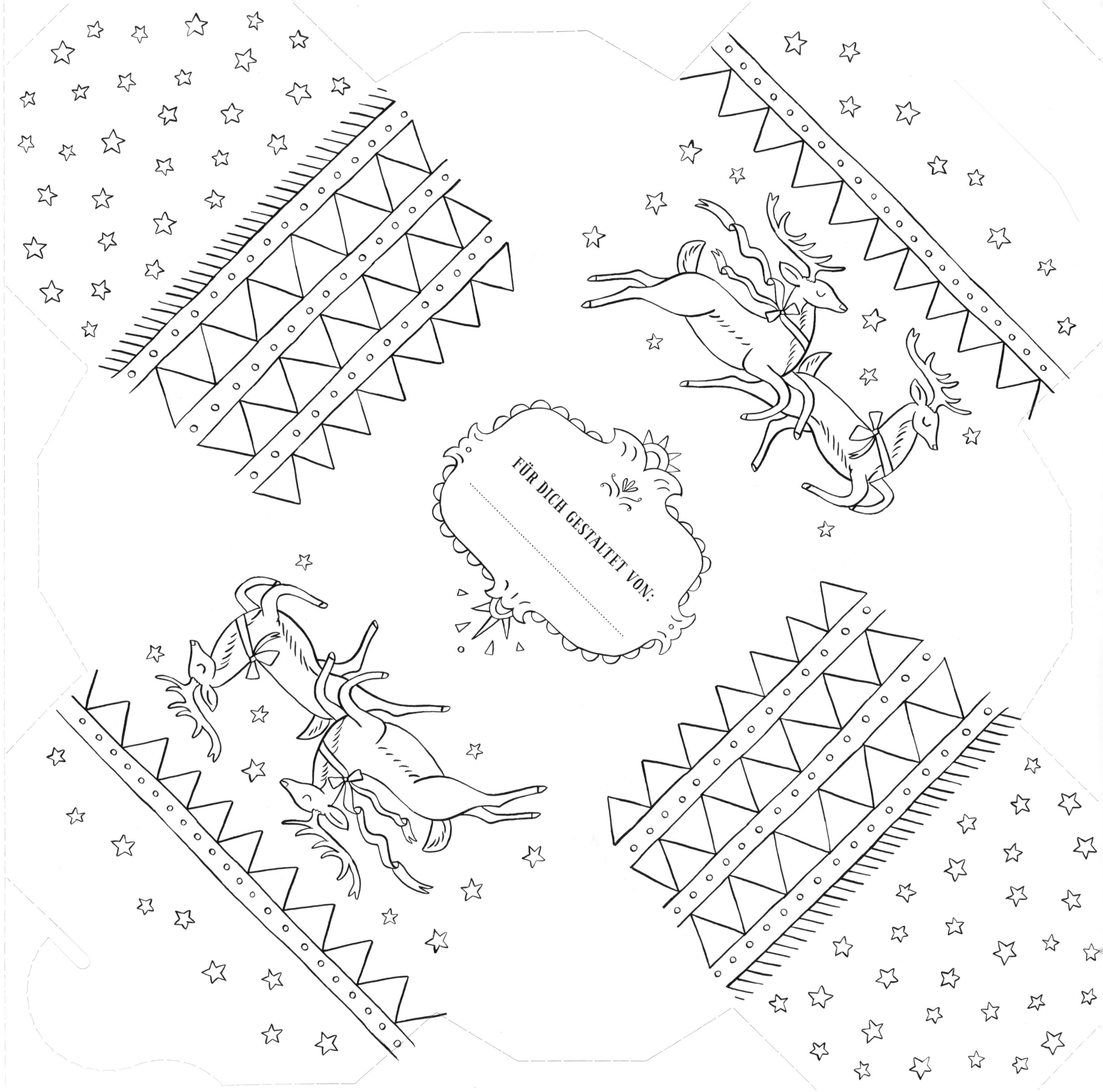
FÜR DICH GESTALTET VON:

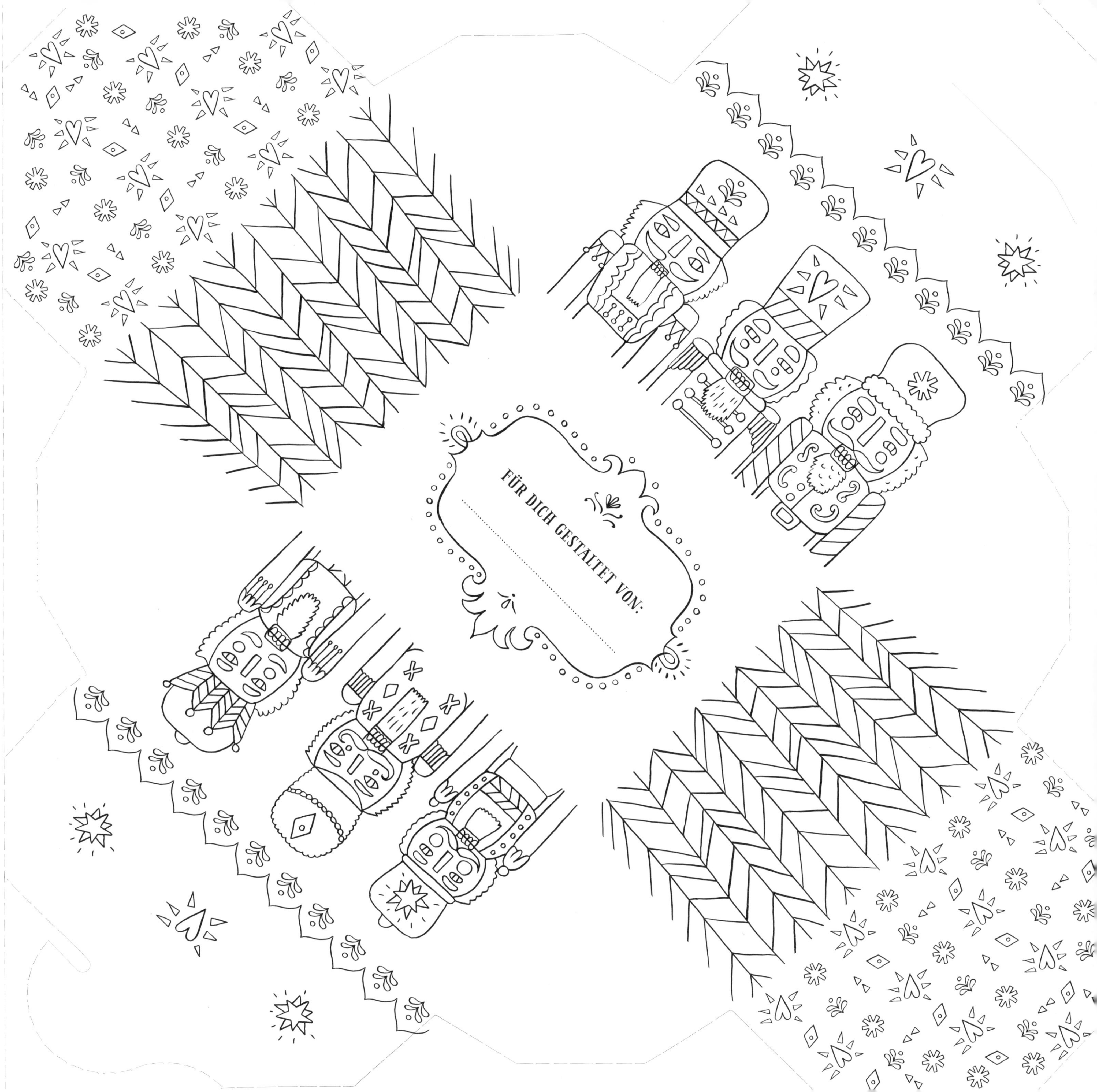
FÜR DICH GESTALTET VON:

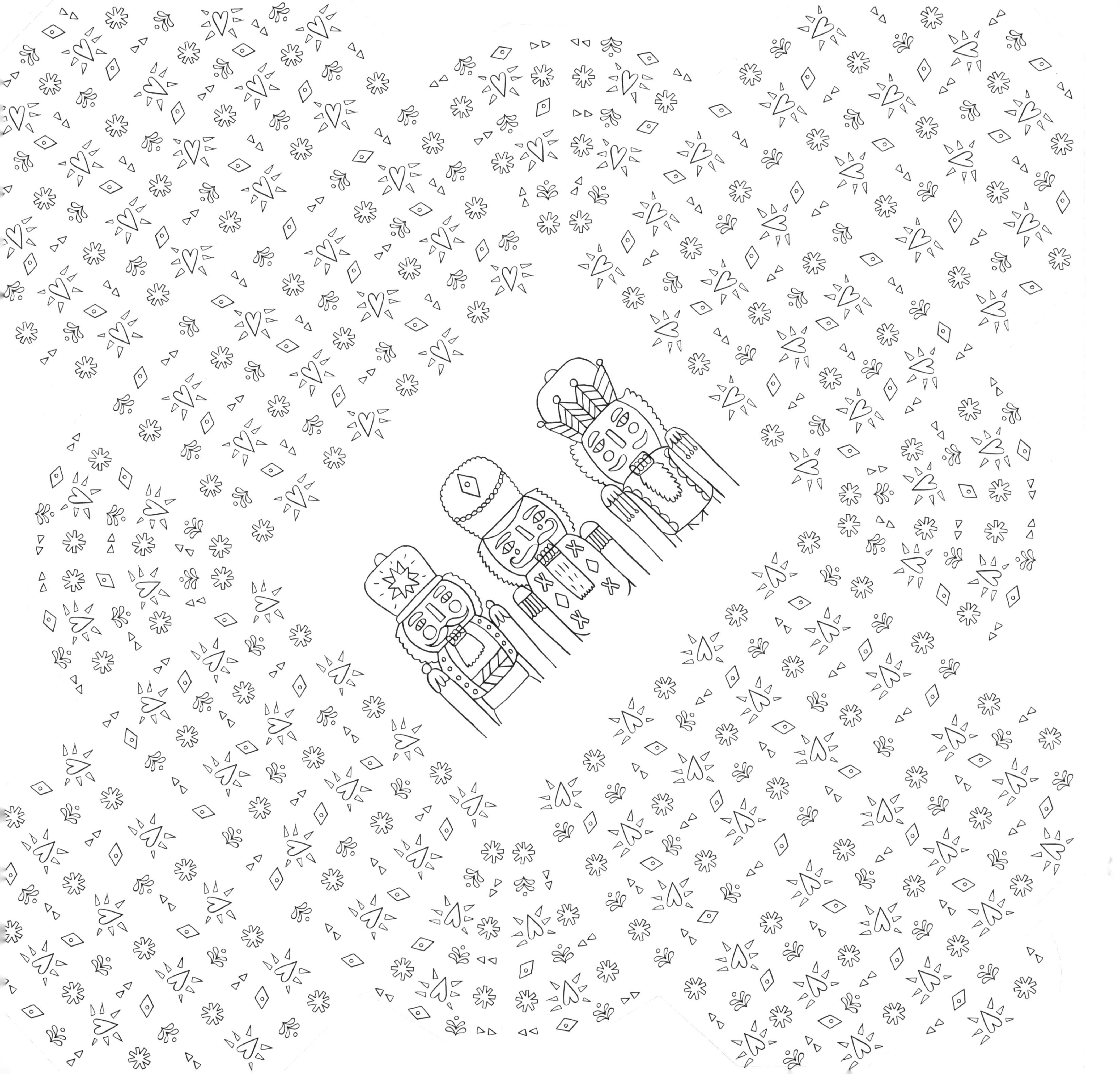

FÜR DICH GESTALTET VON:

FÜR DICH GESTALTET VON:

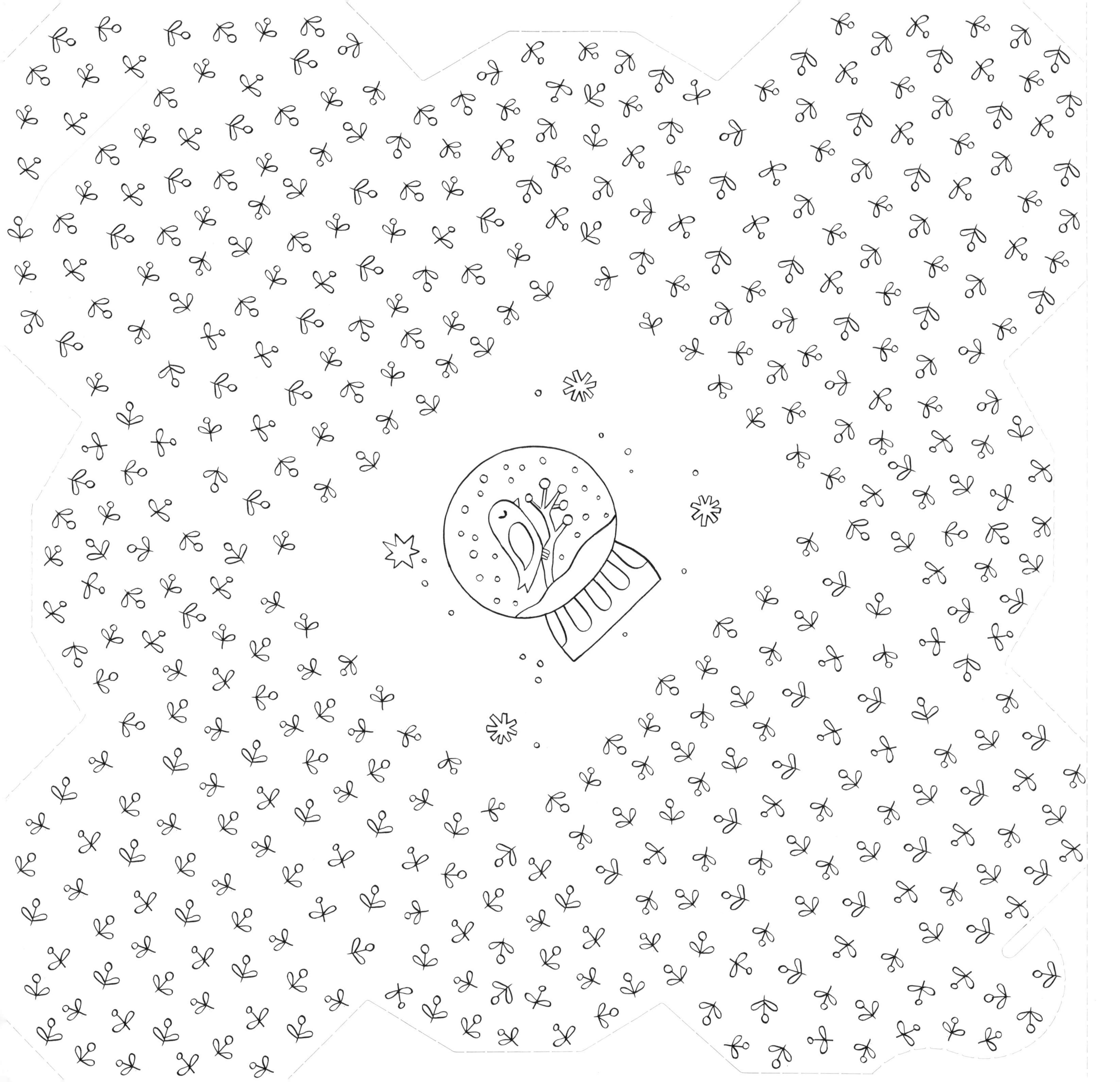

FÜR DICH GESTALTET VON:

FÜR DICH GESTALTET VON:

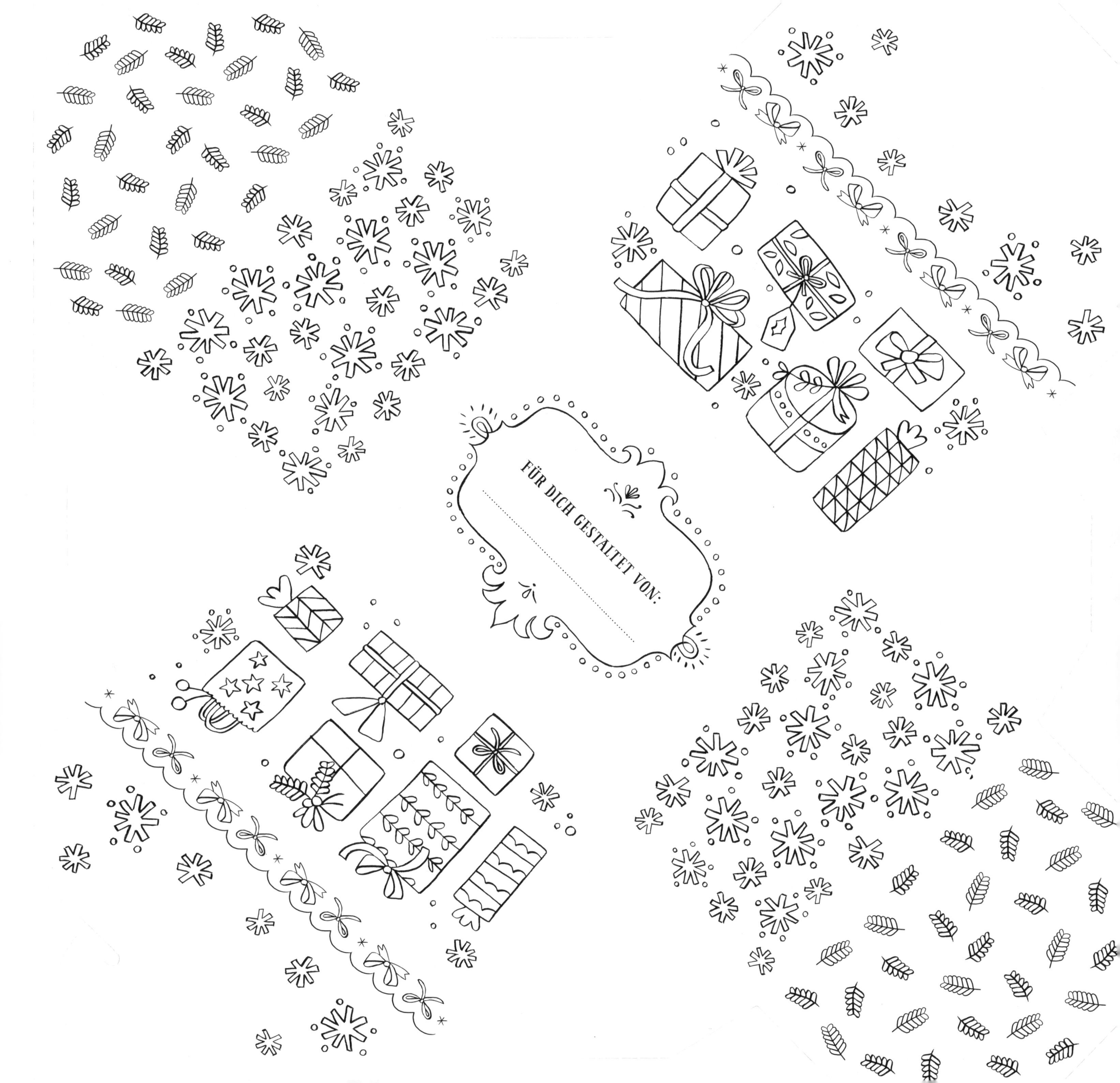
FÜR DICH GESTALTET VON:

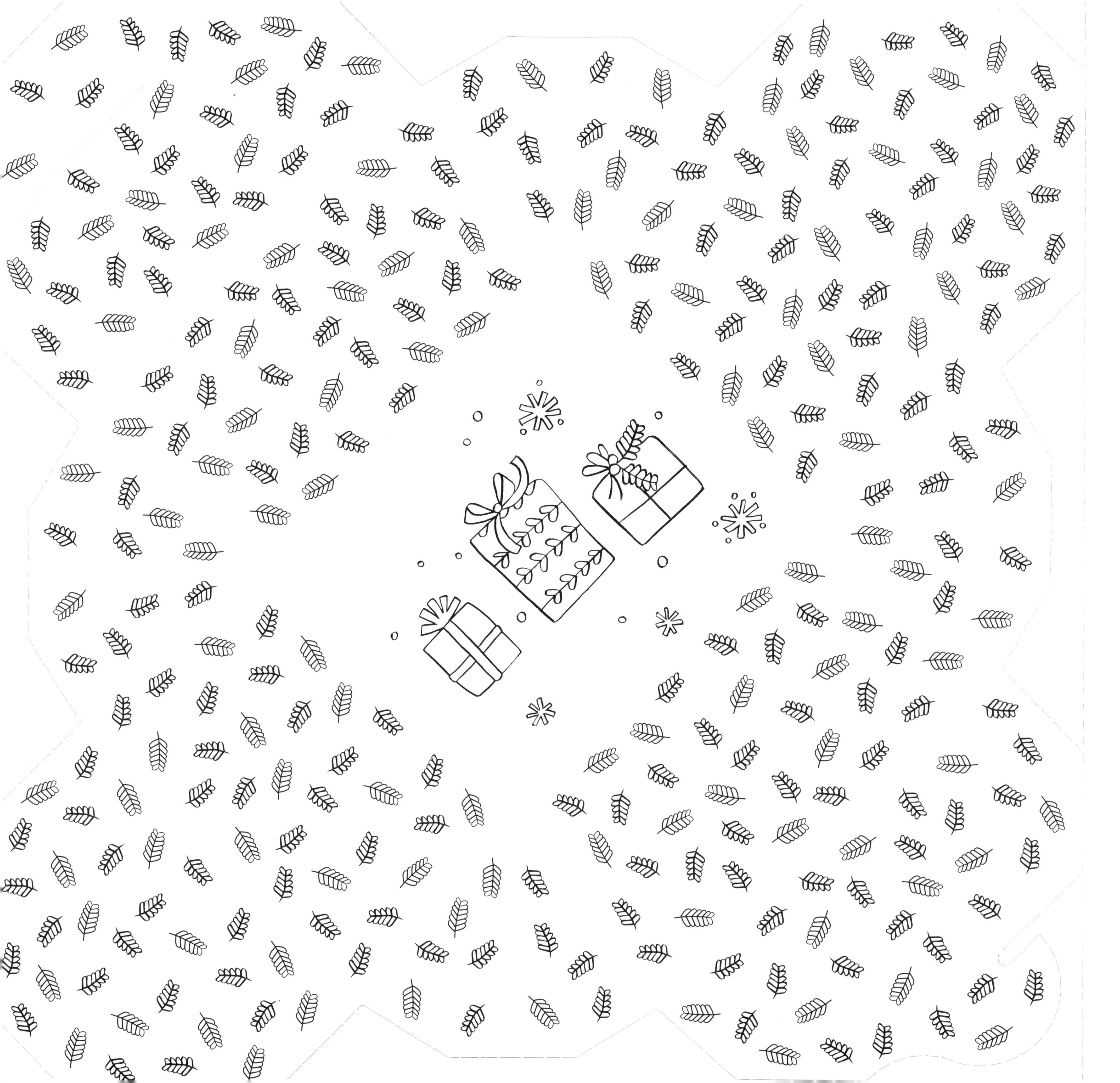

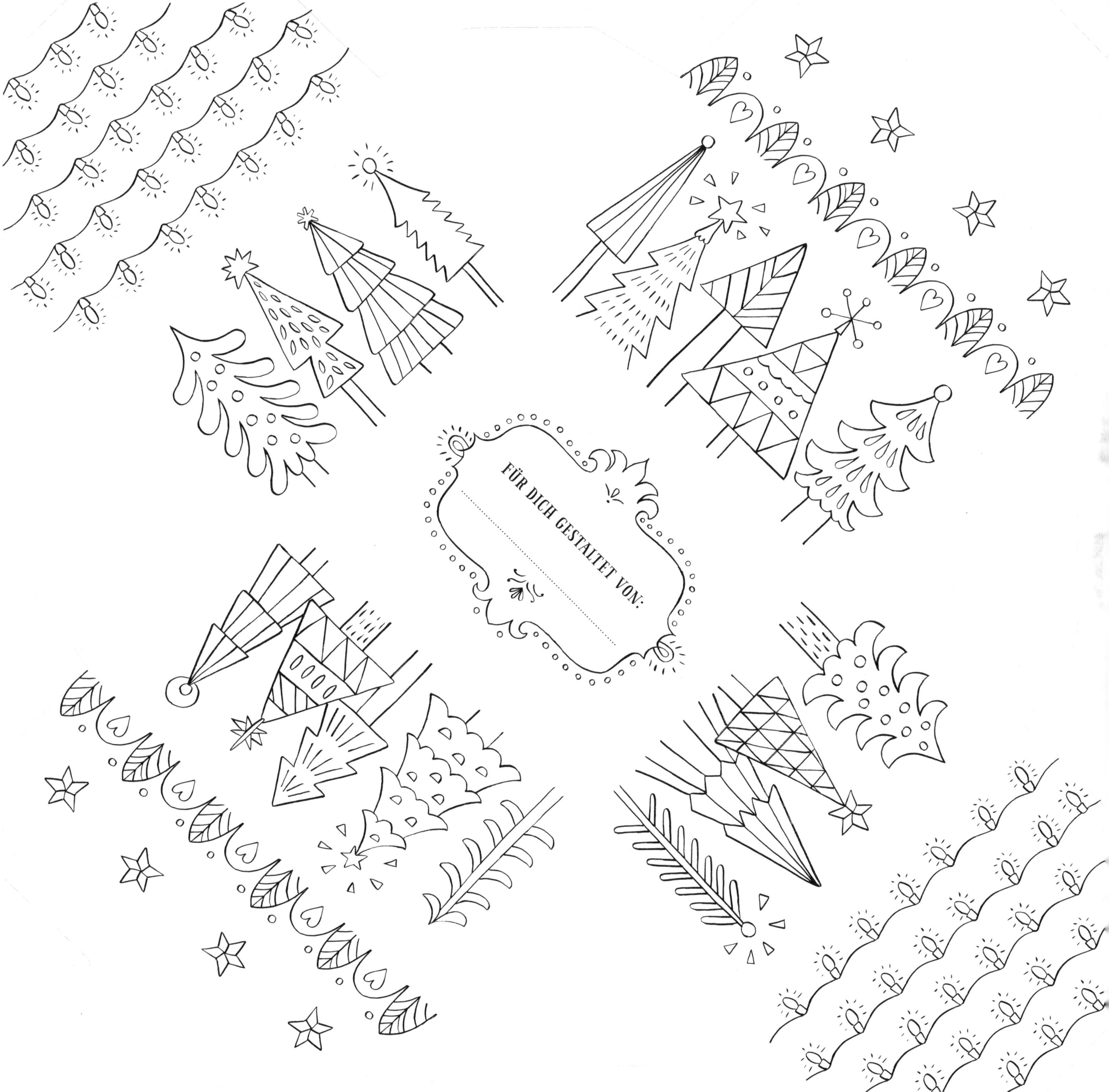
FÜR DICH GESTALTET VON:

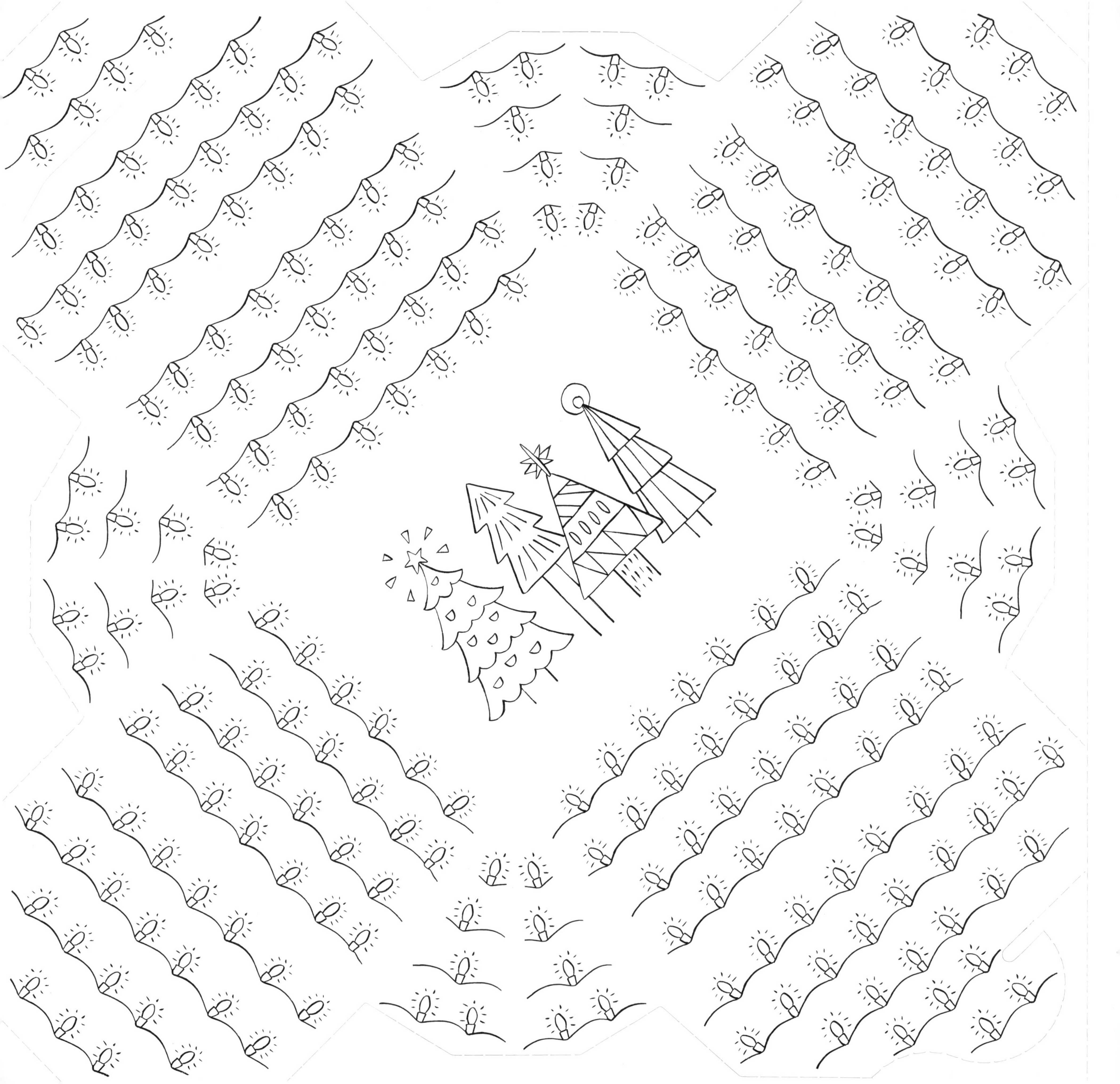

FÜR DICH GESTALTET VON:

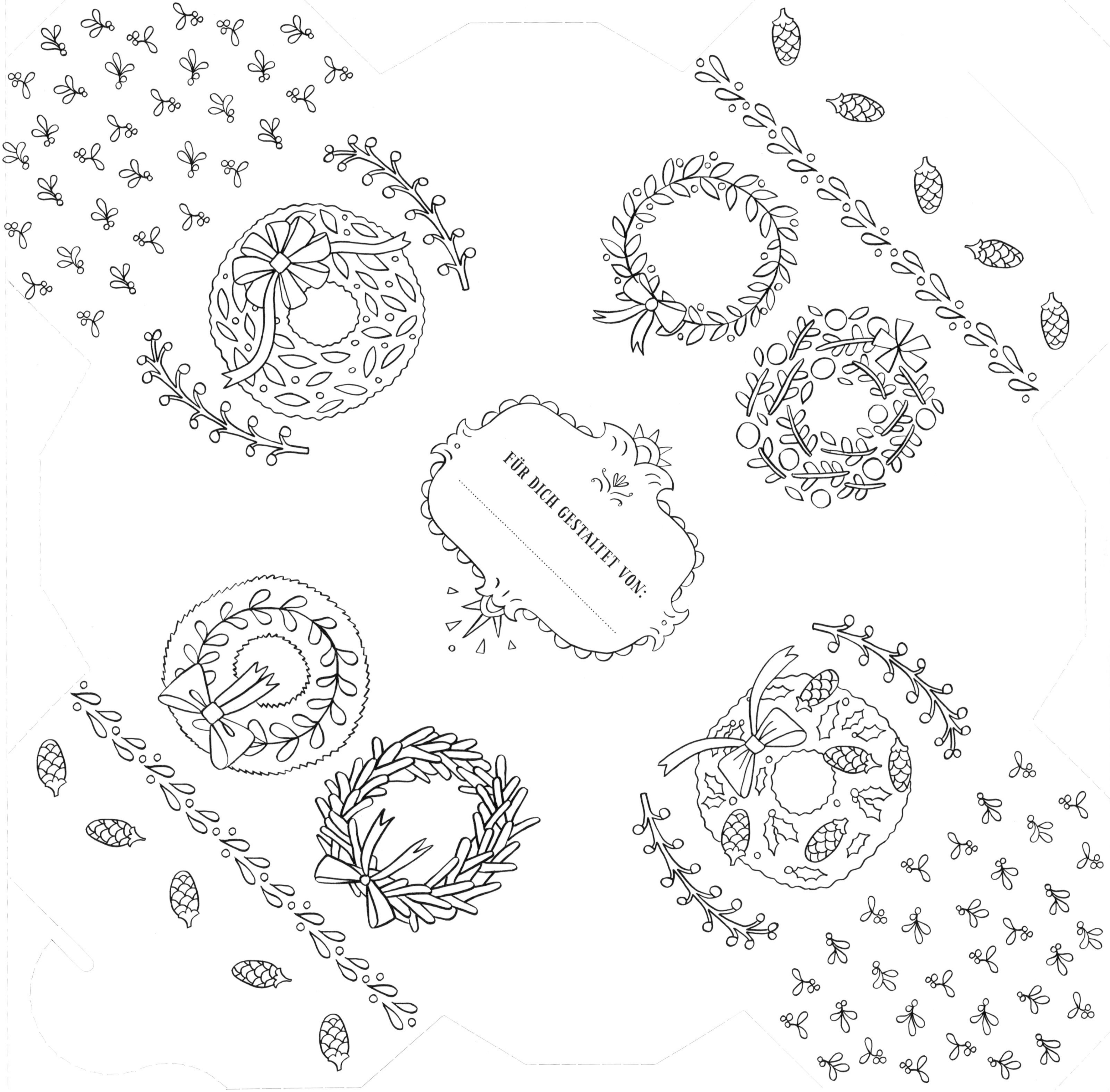
FÜR DICH GESTALTET VON:

FÜR DICH GESTALTET VON:

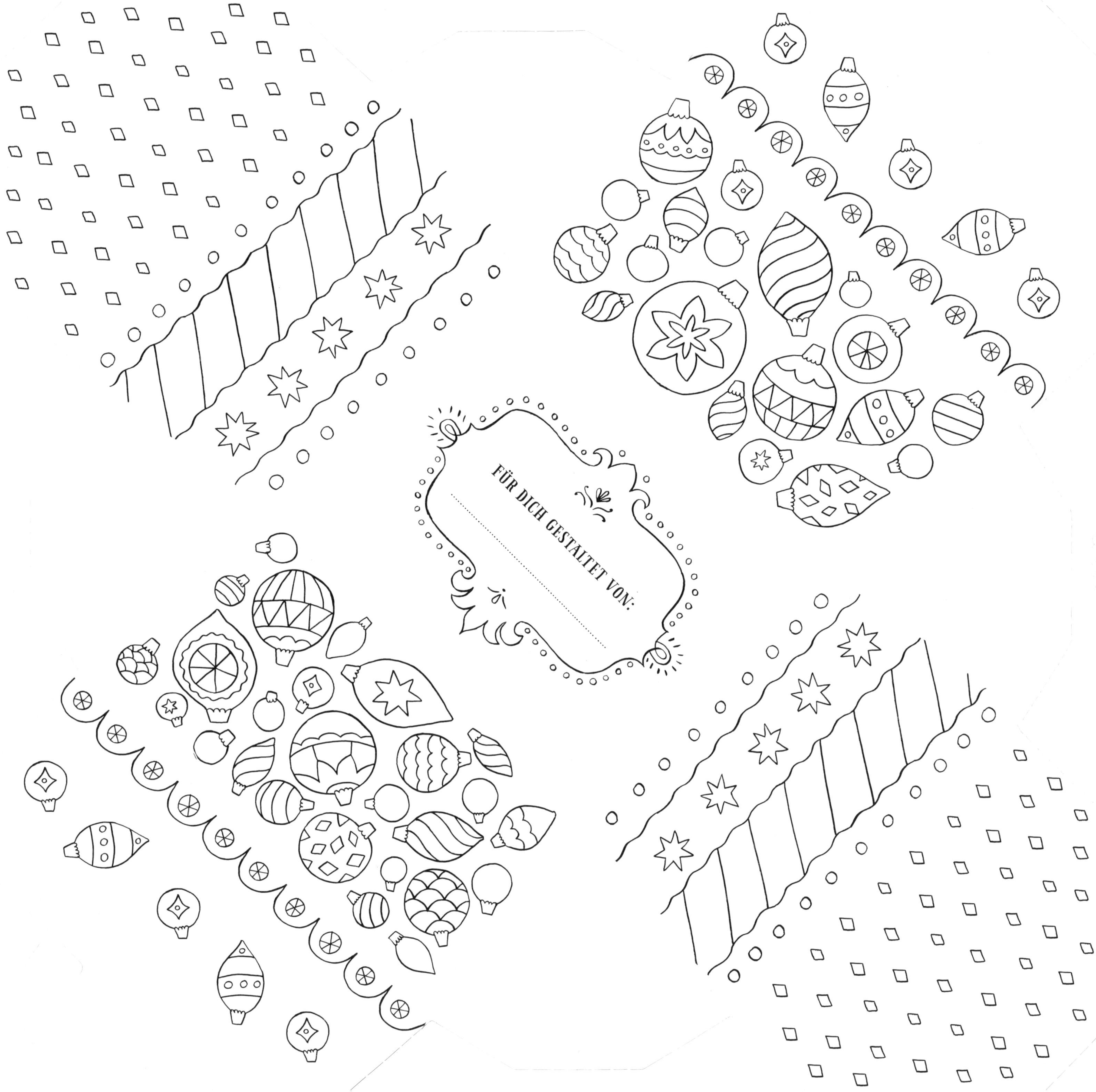
FÜR DICH GESTALTET VON:

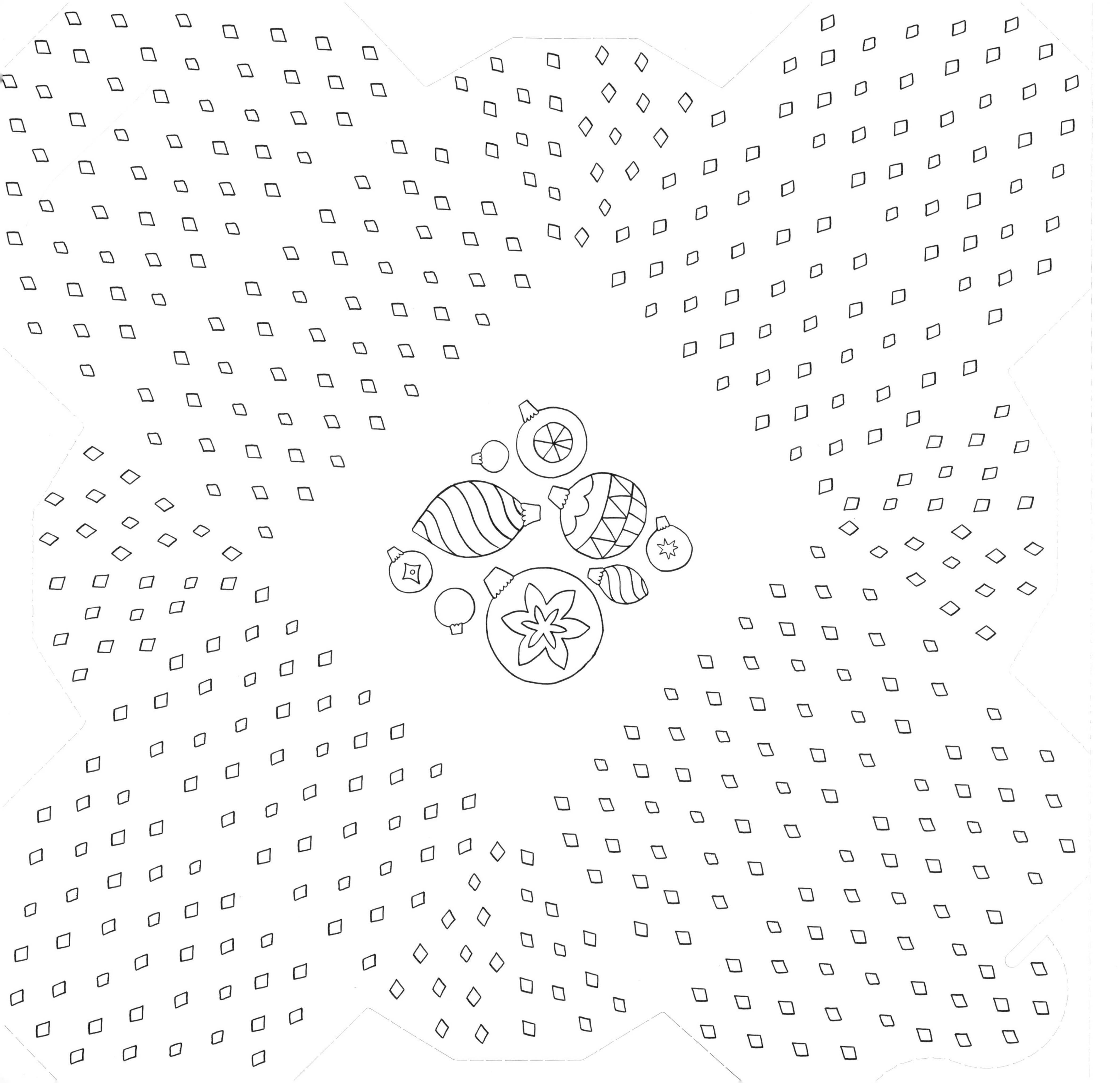

FÜR DICH GESTALTET VON:

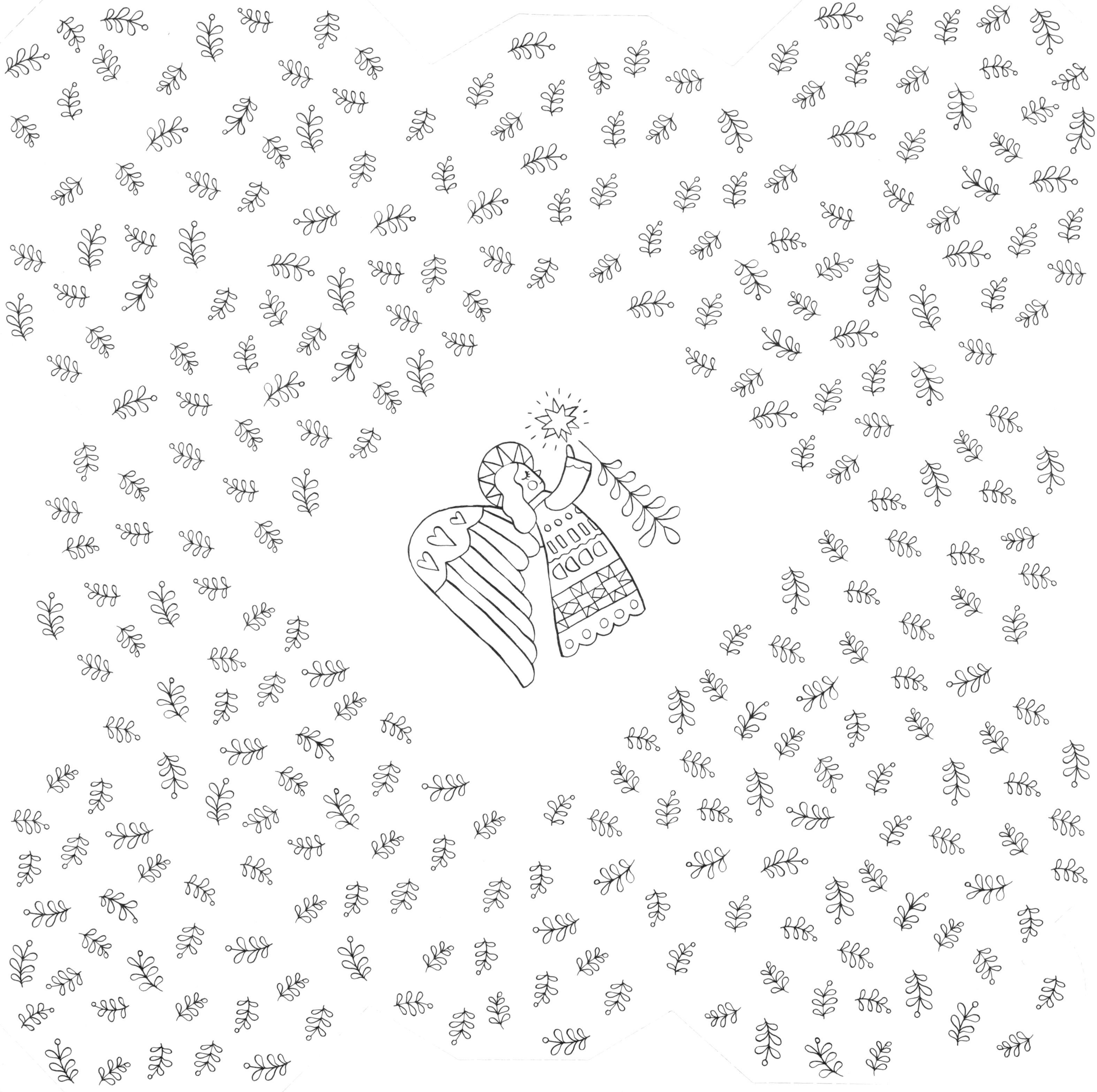

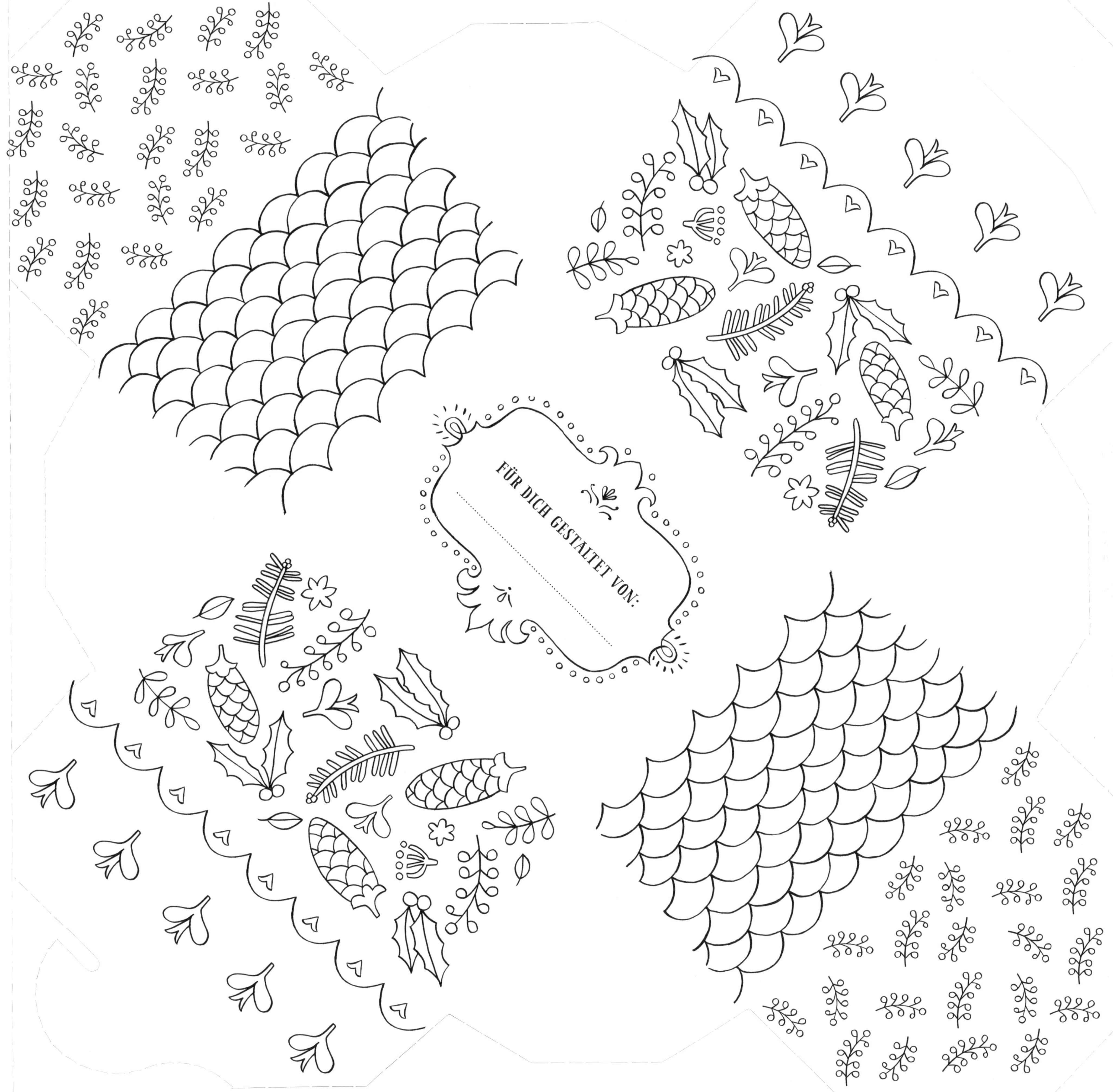
FÜR DICH GESTALTET VON:

FÜR DICH GESTALTET VON:

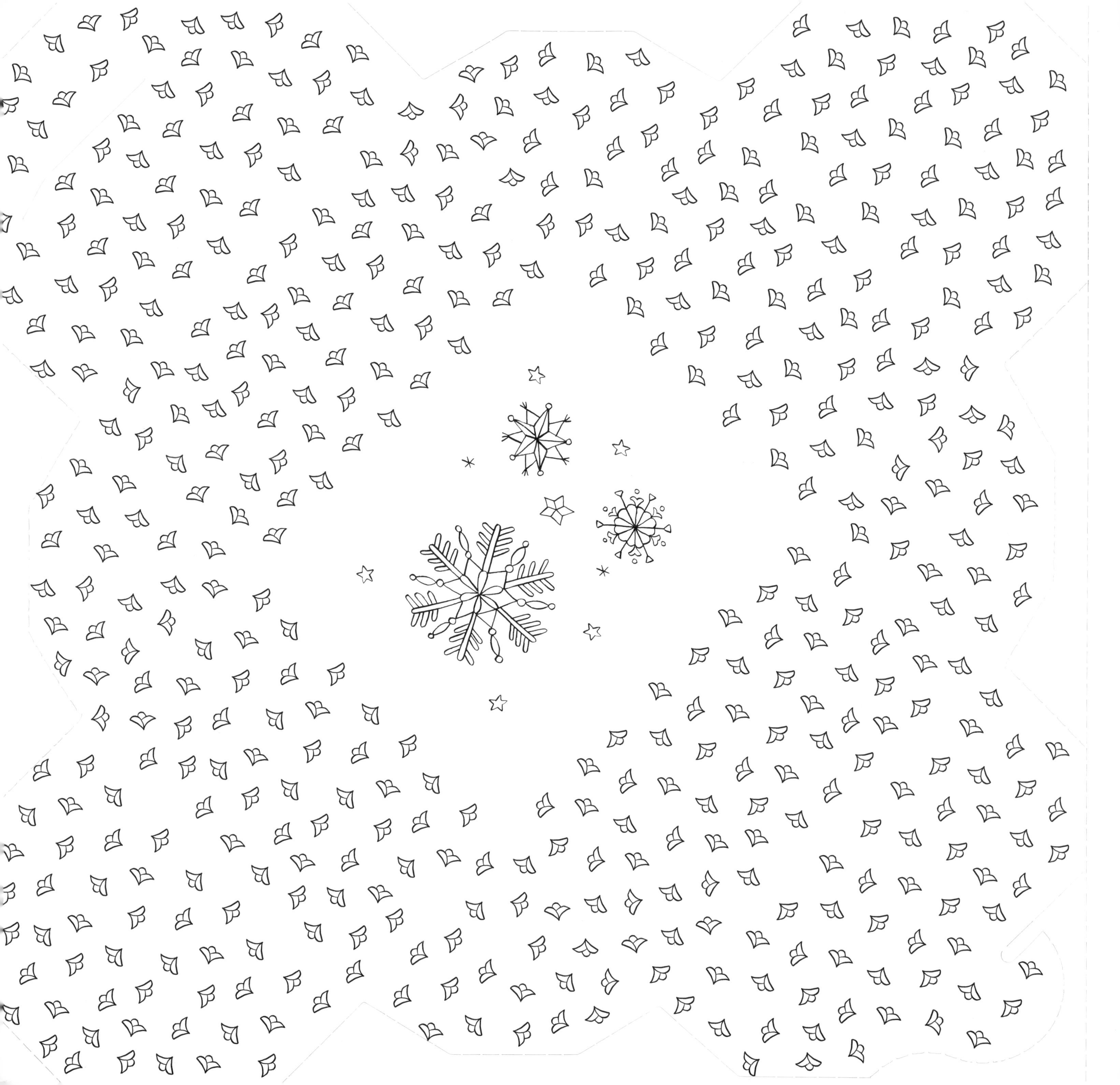

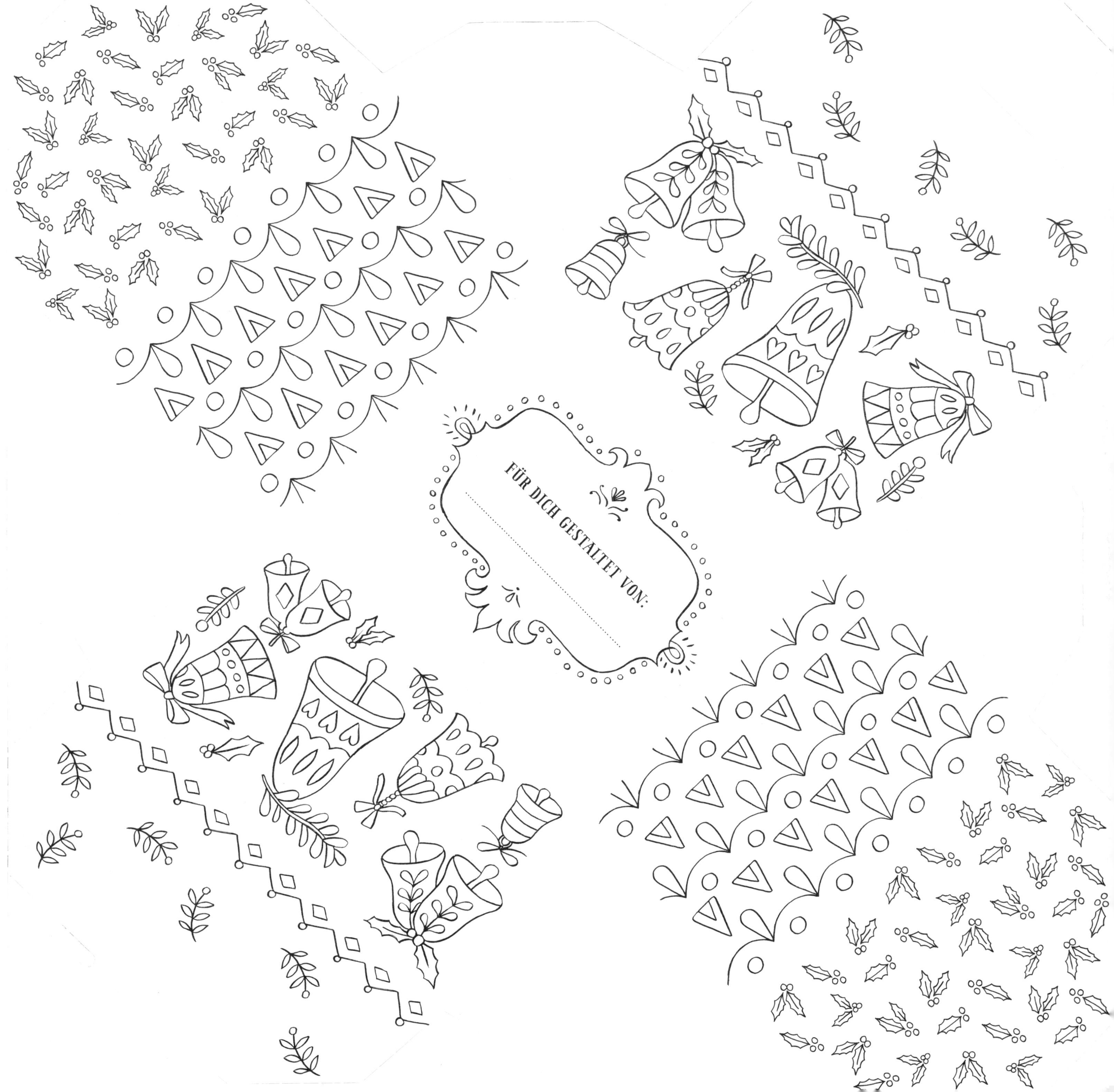
FÜR DICH GESTALTET VON:

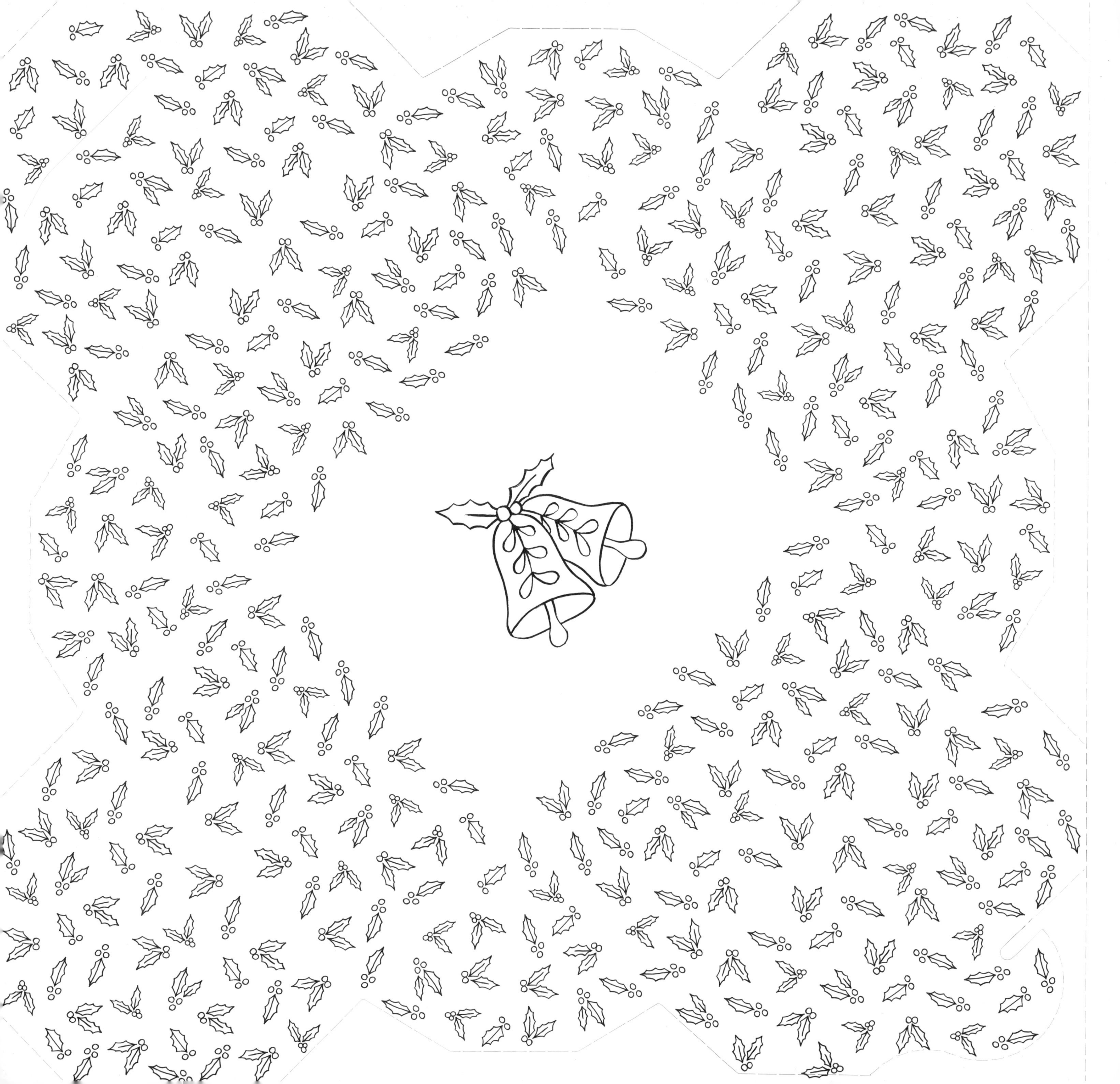

VON:
FÜR:

VON:
FÜR:

VON:
FÜR:

VON:
FÜR:

VON:
FÜR:

VON:
FÜR:

VON:
FÜR:

VON:
FÜR:

VON:
FÜR:

VON:
FÜR:

VON:
FÜR:

VON:
FÜR:

VON:
FÜR:

VON:
FÜR:

VON:
FÜR:

VON:
FÜR:

VON:
FÜR:

VON:
FÜR:

VON:
FÜR:

VON:
FÜR:

VON:
FÜR:

VON:
FÜR:

VON:
FÜR:

VON:
FÜR:

DIE BUCHMACHER